बिपिन रावत

एक सेनानी की जीवनकथा

टीम इंडस

ISBN 979-888530572-3

यह पुस्तक भारत के पूर्व चीफ ऑफ डिफेंस स्टाफ जनरल बिपिन रावत को समर्पित है। 8 दिसंबर 2021 को उनके असामयिक निधन से हमें गहरा दुख हुआ है। वह हमेशा राष्ट्र के सच्चे सिपाही रहेंगे।

क्रम-सूची

भूमिका   vii

  1. प्रारंभिक जीवन   1

  2. सैन्य वृति   3

  3. व्यक्तिगत जीवन   7

  4. सम्मान   8

  5. मृत्यु   9

एक नायक को श्रद्धांजलि   13

भूमिका

जनरल बिपिन रावत (16 मार्च 1958 - 8 दिसंबर 2021) एक भारतीय सैन्य अधिकारी थे जो भारतीय सेना के चार सितारा जनरल थे। उन्होंने जनवरी 2020 से दिसंबर 2021 में एक हेलीकॉप्टर दुर्घटना में उनकी मृत्यु तक भारतीय सशस्त्र बलों के मुख्य चीफ ऑफ डिफेंस स्टाफ (सीडीएस) के रूप में कार्य किया। सीडीएस के रूप में कार्यभार संभालने से पहले, उन्होंने 57 वें और अंतिम अध्यक्ष के रूप में कार्य किया। चीफ ऑफ स्टाफ कमेटी भारतीय सेना के 26वें सेनाध्यक्ष के रूप में।

1

प्रारंभिक जीवन

बिपिन रावत को 16 मार्च 1958 को वर्तमान उत्तराखंड राज्य, पौड़ी गढ़वाल क्षेत्र के पौड़ी शहर में दुनिया में लाया गया था। उनका परिवार काफी समय से भारतीय सेना में सेवा कर रहा था। उनके पिता लक्ष्मण सिंह रावत (1930–2015) पौड़ी गढ़वाल इलाके के सैंज शहर के थे; 1951 में 11 गोरखा राइफल्स में भेजे गए, उन्होंने लेफ्टिनेंट-जनरल के रूप में 1988 में थल सेनाध्यक्ष के पद से इस्तीफा दे दिया। उनकी मां उत्तरकाशी इलाके की रहने वाली थीं और उत्तरकाशी के पूर्व विधायक किशन सिंह परमार की बेटी थीं।

रावत देहरादून के कैम्ब्रियन हॉल स्कूल और शिमला के सेंट एडवर्ड स्कूल गए। उसके बाद, वह उस समय, राष्ट्रीय रक्षा अकादमी, खडकवासला और भारतीय सैन्य अकादमी, देहरादून में भर्ती हुए, जहाँ से उन्होंने योग्यता के अनुरोध में प्रथम स्थान प्राप्त किया और उन्हें 'ब्लेड ऑफ़ ऑनर' प्रदान किया गया।

रावत 1997 में कंसास के फोर्ट लीवेनवर्थ में यूनाइटेड स्टेट्स आर्मी कमांड और जनरल स्टाफ कॉलेज (USACGSC) में डिफेंस सर्विसेज स्टाफ कॉलेज (DSSC), वेलिंगटन और हायर कमांड कोर्स के पूर्व छात्र थे। DSSC में अपने निवास से, उन्होंने मद्रास विश्वविद्यालय से प्रबंधन और कंप्यूटर अध्ययन में पुष्टि के रूप में रक्षा अध्ययन में एमफिल की डिग्री प्राप्त की। 2011 में, उन्हें सैन्य-मीडिया महत्वपूर्ण परीक्षाओं पर

उनके अन्वेषण के लिए सीसीएस विश्वविद्यालय, मेरठ द्वारा डॉक्टरेट की उपाधि प्रदान की गई थी।

2
सैन्य वृत्ति

रावत को 16 दिसंबर 1978 को पांचवीं सेना, 11 गोरखा राइफल्स (5/11 जीआर) में अपने पिता के समान इकाई में आरोपित किया गया था। 1987 में सुमदोरोंग चू घाटी में भारत-चीन मुठभेड़ के दौरान, उस समय, कैप्टन रावत की रेजिमेंट को चीनी पीपुल्स लिबरेशन आर्मी के खिलाफ भेजा गया था। गतिरोध 1962 के संघर्ष के बाद लड़ी गई मैकमोहन रेखा के साथ प्रमुख सैन्य प्रदर्शन था।

उनका उच्च-ऊंचाई की लड़ाई में बहुत अधिक भागीदारी है और दस साल तक विद्रोह विरोधी गतिविधियों का नेतृत्व किया। उन्होंने जम्मू-कश्मीर के उरी में एक संगठन को अहम बताया. एक कर्नल के रूप में, उन्होंने किबिथू में वास्तविक नियंत्रण रेखा के साथ पूर्वी क्षेत्र में अपनी सेना, पांचवीं टुकड़ी, 11 गोरखा राइफल्स को बताया। ब्रिगेडियर के पद पर पदोन्नत होकर उन्होंने सोपोर में राष्ट्रीय राइफल्स के 5 सेक्टर को बताया।

रावत ने MONUSCO (कांगो लोकतांत्रिक गणराज्य में एक अध्याय VII मिशन में एक बहुराष्ट्रीय ब्रिगेड) का निर्देशन किया। डीआरसी में संगठन के लगभग चौदह दिनों के भीतर, ब्रिगेड को पूर्व में एक महत्वपूर्ण शत्रुता का सामना करना पड़ा जिसने उत्तरी किवु, गोमा की प्रांतीय राजधानी को कमजोर कर दिया। शत्रुतापूर्ण ने इसी तरह सामान्य रूप से राष्ट्र को कमजोर करने के लिए कदम उठाए।

परिस्थिति ने तेजी से प्रतिक्रिया का अनुरोध किया और उत्तरी किवु ब्रिगेड का समर्थन किया गया, जहां यह 7,000 से अधिक लोगों के लिए उत्तरदायी था, पूर्ण मोनुस्को शक्ति के लगभग 50% को संबोधित करते हुए। उसी समय सीएनडीपी और अन्य सुसज्जित सभाओं के खिलाफ शत्रुतापूर्ण गतिशील कार्यों पर कब्जा कर लिया, रावत (तब, उस समय, ब्रिगेडियर) ने कांगो सेना (एफएआरडीसी) को रणनीतिक मदद पूरी की, उन्होंने पास की आबादी के साथ कार्यक्रमों को तेज किया और निश्चित समन्वय किया। गारंटी है कि सभी परिस्थितियों के संबंध में शिक्षित थे और गतिविधियों की उन्नति में सहयोग करते थे। वह कमजोर आबादी की सुरक्षा के लिए उत्तरदायी था। यह कार्यात्मक अवधि काफी लंबे समय तक चली। गोमा कभी नहीं गिरा, पूर्व बस गया और महत्वपूर्ण रूप से सुसज्जित सभा को व्यवस्था की मेज पर ले जाया गया और तब से इसे FARDC में समन्वित किया गया। इसी तरह उन्हें 16 मई 2009 को विल्टन पार्क, लंदन में एक असामान्य सभा में संयुक्त राष्ट्र के सभी मिशनों के महासचिव और फोर्स कमांडरों के विशेष प्रतिनिधियों के लिए शांति प्रवर्तन के संशोधित चार्टर को पेश करने का काम सौंपा गया था। रावत को दो बार बल दिया गया था। कमांडर की प्रशंसा।

महत्वपूर्ण जनरल के रूप में उन्नति के बाद, रावत ने उन्नीसवीं इन्फैंट्री डिवीजन (उरी) के जनरल ऑफिसर कमांडिंग के रूप में पदभार संभाला। एक लेफ्टिनेंट जनरल के रूप में, उन्होंने पुणे में दक्षिणी सेना पर नियंत्रण संभालने से पहले, दीमापुर में बसे III कोर को निर्देशित किया। उन्होंने भारतीय सैन्य अकादमी (देहरादून) में एक शैक्षिक निवास, सैन्य संचालन निदेशालय में जनरल स्टाफ ऑफिसर ग्रेड 2, फोकल इंडिया, कर्नल में एक पुन: समन्वित सेना मैदानी इन्फैंट्री डिवीजन (RAPID) के समन्वय स्टाफ अधिकारी को भी शामिल किया। सैन्य सचिव की शाखा में सैन्य सचिव और उप सैन्य सचिव और जूनियर कमांड विंग में वरिष्ठ प्रशिक्षक। उन्होंने पूर्वी कमान के मेजर जनरल स्टाफ (एमजीजीएस) के रूप में भी कार्य किया।

जून 2015 में, मणिपुर में यूनाइटेड लिबरेशन फ्रंट ऑफ वेस्टर्न साउथ ईस्ट एशिया (UNLFW) के साथ एक जगह रखने वाले

हमलावरों द्वारा एक जाल में अठारह भारतीय योद्धा मारे गए थे। भारतीय सेना ने क्रॉस-लाइन हमलों के साथ प्रतिक्रिया व्यक्त की जिसमें पैराशूट रेजिमेंट की 21 वीं सेना की इकाइयों ने म्यांमार में एनएससीएन-के बेस पर हमला किया। 21 पारा दीमापुर स्थित III कोर के कार्यात्मक नियंत्रण में था, जिसे तब रावत ने निर्देश दिया था। सेना कमांडर ग्रेड में पदोन्नत होने के बाद, रावत को 1 जनवरी 2016 को जनरल ऑफिसर कमांडिंग-इन-चीफ (जीओसी-इन-सी) दक्षिणी कमान के पद की उम्मीद थी। थोड़े समय के बाद, उन्हें वाइस चीफ के पद की उम्मीद थी। 1 सितंबर 2016 को सेना के कर्मचारियों की।

17 दिसंबर 2016 को, भारत सरकार ने दो और वरिष्ठ लेफ्टिनेंट जनरलों, प्रवीण बख्शी और पी.एम. हारिज़ को पछाड़ते हुए, रावत को 27 वें थल सेना प्रमुख के रूप में नियुक्त किया। एनडीए शासित सरकार द्वारा की गई व्यवस्था राजनीतिक रूप से संदिग्ध थी। जनरल दलबीर सिंह सुहाग के सेवानिवृत होने के बाद 31 दिसंबर 2016 को वे 27वें सीओएएस के रूप में सेनाध्यक्ष के पद पर आसीन हुए। वह फील्ड मार्शल सैम मानेकशॉ और जनरल दलबीर सिंह सुहाग के बाद गोरखा ब्रिगेड के थल सेनाध्यक्ष बनने वाले तीसरे अधिकारी थे।

2018 में, रावत ने कश्मीर मानव सुरक्षा घटना से जुड़े सैन्य मेजर की रक्षा की, जहां एक कश्मीरी व्यक्ति को मानव सुरक्षा के रूप में एक जीप से जोड़ा गया था। अधिकारी को विद्रोही कार्यों के लिए रावत द्वारा थल सेनाध्यक्ष प्रशस्ति पत्र प्रदान किया गया। रावत को नागरिकता संशोधन अधिनियम के झगड़े के दौरान राजनीतिक अभिव्यक्ति की पेशकश के लिए प्रतिरोध सभा के अग्रदूतों द्वारा फटकार लगाई गई थी।

2019 में संयुक्त राज्य अमेरिका की अपनी यात्रा पर, जनरल रावत को यूनाइटेड स्टेट्स आर्मी कमांड और जनरल स्टाफ कॉलेज इंटरनेशनल हॉल ऑफ़ फ़ेम के लिए तैयार किया गया था। वह भारतीय और नेपाली के बीच अभ्यास के अनुसार नेपाली सेना के एक विशेषाधिकार प्राप्त जनरल थे

सशस्त्र बलों को अपने निकट और असाधारण सैन्य संबंधों को दर्शाने के लिए एक दूसरे के आकाओं पर जनरल की विशेषाधिकार प्राप्त

स्थिति पेश करने के लिए।

रावत ने चीफ्स ऑफ स्टाफ कमेटी के 57वें और अंतिम अध्यक्ष के रूप में कार्यभार संभाला। उन्होंने जनवरी 2020 से दिसंबर 2021 में अपने निधन तक भारतीय सशस्त्र बलों के मुख्य चीफ ऑफ डिफेंस स्टाफ (सीडीएस) के रूप में कार्य किया। 2021 से शुरू होने वाले भारत में प्रशासन के स्पष्ट आदेश ढांचे थे। संयुक्त और समन्वित आदेश, अन्यथा एक साथ बाध्य आदेश कहा जाता है; और आगे थिएटर या उपयोगी आदेशों में विभाजित, स्थापित किए गए हैं और अधिक प्रस्तावित हैं। फरवरी 2020 में, रावत ने कहा कि दो से पांच सभागार के आदेश स्थापित किए जा सकते हैं। थिएटर ऑर्डर बनाने के परिणाम, दोनों निगमित और संयुक्त आदेश, विभिन्न वर्षों की आवश्यकता होगी। भारतीय वायु सेना संपत्ति के प्रतिबंध के संदर्भ में सभागार के आदेशों को एक साथ लाने की व्यवस्था के खिलाफ गई। 2021 के मध्य में, रावत ने भारतीय वायु सेना को भारत के गार्ड संगठन और ढांचे की "सहायक शाखा" कहा। एयर चीफ मार्शल आर.के.एस. भदौरिया ने तदनुसार सार्वजनिक अभिव्यक्ति की पेशकश की कि भारतीय वायुसेना ने सहायक शाखा की तुलना में अधिक काम किया।

15 सितंबर 2021 को नई दिल्ली में इंडिया इंटरनेशनल सेंटर में सीडीएस की सीमा में एक अवसर पर बोलते हुए, जनरल रावत ने पश्चिमी सभ्यता और ईरान और तुर्की जैसे देशों के साथ चीन के विकासशील संबंधों से संबंधित सभ्यताओं के संघर्ष की परिकल्पना को संबोधित किया। अगले दिन, 16 सितंबर 2021 को, भारत के विदेश मंत्री एस जयशंकर ने अपने चीनी साथी को बताया कि भारत सभ्यताओं के किसी भी टकराव की परिकल्पना को पसंद नहीं करता है।

3

व्यक्तिगत जीवन

1985 में रावत ने मधुलिका राजे सिंह से शादी की। हाल ही के एक शाही परिवार की रिश्तेदार, वह शहडोल क्षेत्र के सोहागपुर रियासत के परगने के किसी समय कुंवर मृगेंद्र सिंह की छोटी लड़की थी और 1967 और 1972 में इस क्षेत्र से भारतीय राष्ट्रीय कांग्रेस की विधायक थीं। उन्हें सिंधिया में शिक्षा दी गई थी। ग्वालियर में कन्या विद्यालय और दिल्ली विश्वविद्यालय में मस्तिष्क अनुसंधान में स्नातक की उपाधि प्राप्त की। दंपति की दो लड़कियां थीं, कृतिका और तारिणी। मधुलिका रावत थल सेनाध्यक्ष के रूप में बिपिन रावत के निवास के दौरान आर्मी वाइव्स वेलफेयर एसोसिएशन (AWWA) की नेता थीं। पद के निर्माण और प्राथमिक सीडीएस के रूप में जनरल बिपिन रावत की व्यवस्था के बाद, वह डिफेंस वाइव्स वेलफेयर एसोसिएशन (DWWA) की नेता बन गईं। उसने संरक्षण संकाय के जीवनसाथी को आर्थिक रूप से मुक्त करने का प्रयास किया। वह वैसे ही गैर सरकारी संगठनों और सरकारी सहायता संबद्धताओं के साथ जुड़ी हुई थी, उदाहरण के लिए, वीर नारिस जो सैन्य कार्य बल की विधवाओं की मदद करता है, अप्रत्याशित रूप से विकलांग बच्चों और रोग रोगियों में।

4

सम्मान

सीडीएस जनरल बिपिन रावत ने अपने 40 से अधिक वर्षों के करियर के दौरान विशिष्ट सेवा के लिए कई पदक और सम्मान प्राप्त किए हैं।

1- Param Vishisht Seva Medal

2- Uttam Yudh Seva Medal

3- Ati Vishisht Seva Medal

4- Yudh Seva Medal

5- Sena Medal

6- Vishisht Seva Medal

7- Wound Medal

8- Samanya Seva Medal

9- Special Service Medal

10- Operation Parakram Medal

11- Sainya Seva Medal

12- High Altitude Service Medal

13- Videsh Seva Medal

14- 50th Anniversary of Independence Medal

15- 30 Years Long Service Medal

16- 20 Years Long Service Medal

17- 9 Years Long Service Medal

18- MONUSCO

5

मृत्यु

8 दिसंबर 2021 को, रावत, उनके जीवनसाथी और उनके स्टाफ के लोग 10 यात्रियों और 4 समूह के व्यक्तियों में शामिल थे, जो सुलूर एयरफोर्स बेस से डिफेंस सर्विसेज स्टाफ कॉलेज के रास्ते में एक भारतीय वायु सेना मिल एमआई -17 हेलीकॉप्टर उड़ान में सवार थे। डीएसएससी), वेलिंगटन, जहां रावत को एक वार्ता देनी थी। दोपहर करीब 12:10 बजे। पड़ोस के समय, हवाई जहाज कुन्नूर तालुक, नीलगिरी लोकेल के कट्टेरी-नंचप्पनचत्रम क्षेत्र में, बंदिशोला पंचायत के नंजप्पाचतिराम गांव के किनारों पर निजी चाय घर के कर्मचारियों की एक निजी बस्ती के करीब टूट गया। दुर्घटना स्थल उड़ान के अपेक्षित उद्देश्य से 10 किमी दूर था। रावत की मृत्यु - और उनके जीवनसाथी और 11 अन्य - की बाद में भारतीय वायु सेना द्वारा पुष्टि की गई। रावत के संपर्क अधिकारी, ग्रुप कैप्टन वरुण सिंह अंतिम खड़े थे। उनके निधन के समय रावत 63 वर्ष के थे।

रावत और उनके महत्वपूर्ण अन्य को 10 दिसंबर 2021 को नई दिल्ली के बरार स्क्वायर में हिंदू रीति-रिवाजों से पूर्ण सैन्य गौरव के साथ भस्म कर दिया गया था। उन्हें 17 हथियारों की सलामी दी गई थी। उनका भस्मीकरण उनकी नन्ही बच्चियों ने पूरा किया, जो उनके अवशेषों को हरिद्वार ले गईं और 12 दिसंबर को हर की पौड़ी घाट पर गंगा में भींग दीं।

8 दिसंबर 2021 को, भारतीय वायु सेना (IAF) द्वारा संचालित एक Mil Mi-17V-5 वाहन हेलीकॉप्टर सुलूर वायु सेना स्टेशन से हटने के बाद तमिलनाडु के कोयंबटूर और वेलिंगटन के बीच पटक दिया गया। हेलीकॉप्टर चीफ ऑफ डिफेंस स्टाफ जनरल बिपिन रावत और 13 अन्य लोगों को ले जा रहा था, जिसमें उनकी पत्नी और कर्मचारी भी शामिल थे। हादसे में एक फ्लाइंग कोर अधिकारी के अलावा उसमें सवार सभी लोगों की मौत हो गई। रूसी-इकट्ठे मिल एमआई-17 मध्यम-लिफ्ट हेलीकॉप्टर 2008 के समझौते के विवरण के तहत आईएएफ के लिए काम करने वाले 80 प्रकार के प्रमुख समूहों में से एक था। 2011 में IAF को भेजा गया और 2012 में प्रशासन में तैयार किया गया, हेलीकॉप्टर ने अपने नवीनतम समायोजन के बाद से बिना एपिसोड के 26 घंटे से अधिक समय तक उड़ान भरी थी। विंग कमांडर पृथ्वी सिंह चौहान, 109 हेलीकॉप्टर यूनिट के प्रमुख, सह-पायलट स्क्वाड्रन लीडर कुलदीप सिंह और समूह के शेष सहित दो जूनियर वारंट अधिकारियों के साथ पायलट थे।

यात्रियों ने करीब 11:45 बजे पास के समय यात्रा पर लोड किया था। करीब 11:48 बजे, हेलीकॉप्टर ने 10 यात्रियों और 4 टीम के व्यक्तियों के साथ सुलूर वायु सेना स्टेशन से उड़ान भरी, जो लगभग 80 किमी (50 मील) की दूरी पर वेलिंगटन, तमिलनाडु में रक्षा सेवा स्टाफ कॉलेज (डीएसएससी) के लिए रवाना हुआ। जनरल रावत, उनकी पत्नी और उनके कर्मचारी डीएसएससी की ओर जा रहे थे, जहां रावत को स्कूल के कर्मियों और समझने वाले अधिकारियों को संबोधित करना था। फ्लाइट को दोपहर 12:15 बजे वेलिंगटन में दिखाने के लिए बुक किया गया था। दोपहर 12:08 बजे सुलूर एयर पावर बेस से संपर्क खोने से तुरंत पहले, पायलटों ने वेलिंगटन हेलीपैड पर अपने अपरिहार्य आगमन की पुष्टि करने के लिए विमानन प्राधिकरण को रेडियो दिया था। उस समय, हवाई जहाज ने नीलगिरी के कुन्नूर तालुक के कटेरी-नंचप्पनचत्रम क्षेत्र में बंदिशोला पंचायत के नंजप्पाचतिराम गांव के किनारों पर निजी चाय वसीयत मजदूरों के लगभग एक निजी राज्य को तबाह कर दिया। दुर्घटना स्थल उड़ान के अपेक्षित उद्देश्य से 10 किमी (6.2 मील) दूर

था।

एक पर्यवेक्षक के अनुसार, उन्होंने "हेलीकॉप्टर को उतरते हुए देखा ... यह एक पेड़ से टकराया और उसमें आग लग गई थी। जब वह भागा तो धुएं का गुबार था"। "मिनटों में, आग तेज थी" उसके घर से। आग बुझाने के प्रयास में ग्रामीणों ने आग पर पानी फेंका। दुर्घटना की रिपोर्ट दोपहर 12:20 बजे के आसपास शुरू हुई, दोपहर 12:25 बजे एक शिकार और बचाव गतिविधि भेजी गई। IAF ने दोपहर 1:53 बजे भेजे गए एक ट्वीट में यात्रा पर जनरल रावत की गुणवत्ता की औपचारिक रूप से पुष्टि की। दोपहर 3.25 बजे तक बचाव कार्य चलता रहा। फायर एंड रेस्क्यू सर्विसेज वर्क फोर्स, जिन्होंने यह पता लगाया कि किसी परेशानी के बाद दुर्घटना स्थल पर कैसे पहुंचे, क्योंकि साइट एक महत्वपूर्ण सड़क से 500 मीटर की दूरी पर थी, ने घोषणा की कि दुर्घटना में हताहतों की संख्या अलग-अलग हो गई थी।

फ्लाइट में सवार दस यात्रियों में चीफ ऑफ डिफेंस स्टाफ जनरल बिपिन रावत, उनकी पत्नी मधुलिका रावत, संपर्क अधिकारी ग्रुप कैप्टन वरुण सिंह और उनके सुरक्षा साथी ब्रिगेडियर लखबिंदर सिंह लिद्दर, लेफ्टिनेंट-कर्नल हरजिंदर सिंह और कुल मिलाकर अपने स्वयं के कर्मचारी शामिल थे। पांच एनसीओ। दुर्घटना के बाद, IAF ने 18:03 पर बयान दिया, जिसमें जनरल रावत और उनके महत्वपूर्ण अन्य सहित तैयार 14 व्यक्तियों में से 13 के गुजरने की पुष्टि हुई। करीब 21:30 बजे तक, 13 शवों में से प्रत्येक को दुर्घटनास्थल से निकाल लिया गया था।

डीएसएससी का एक व्यक्ति दुर्घटना का अंतिम व्यक्ति था, और उसे चिकित्सा प्रक्रिया के लिए वेलिंगटन, तमिलनाडु में सामरिक चिकित्सा क्लिनिक ले जाया गया। उनके शरीर के 45% से अधिक का समर्थन करने के बाद और बुनियादी अभी तक स्थिर स्थिति में, उन्हें अतिरिक्त उपचार के लिए बेंगलुरु के कमांड अस्पताल में ले जाया गया।

प्रधान मंत्री नरेंद्र मोदी की अध्यक्षता में सुरक्षा पर कैबिनेट समिति (सीसीएस) ने आपदा की शाम को ओ को निपटाने के लिए बैठक की एन एक और रणनीति। रक्षा मंत्री राजनाथ सिंह ने 9 दिसंबर को इस प्रकरण

के संबंध में संसद में एक उचित घोषणा की। दुर्घटना में जान गंवाने वाले लोगों के सम्मान में विपक्ष ने संसद में अपनी लड़ाई एक दिन के लिए स्थगित कर दी। उड़ान सूचना रिकॉर्डर 9 दिसंबर की सुबह स्वस्थ हो गया था। AOC-in-C ट्रेनिंग कमांड एयर मार्शल मानवेंद्र सिंह के नेतृत्व में IAF द्वारा अनुरोध का एक त्रि-प्रशासन आयोग स्थापित किया गया था।

एक नायक को श्रद्धांजलि

जनरल बिपिन रावत, प्रथम चीफ ऑफ डिफेंस स्टाफ

www.ingramcontent.com/pod-product-compliance
Lightning Source LLC
Chambersburg PA
CBHW072147150726
48002CB00004B/1670